LÉONARD

Première édition

© TURK - de GROOT - EDITIONS DU LOMBARD (Dargaud-Lombard s.a.) 2003
Tous droits de reproduction, de traduction et
d'adaptation strictement réservés pour tous les pays.

D/2003/0086/160
ISBN 2-80361-867-2

Dépôt légal : avril 2003
Imprimé en France par PP0 Graphic

LES EDITIONS DU LOMBARD
7, AVENUE PAUL-HENRI SPAAK - 1060 BRUXELLES - BELGIQUE

www.lelombard.com
l'internet des 7 à 77 ans

453 B

DRIIIIING

FINI L'OROGÉNIE !... JE VAIS...

LAISSEZ, J'Y VAIS !...

DITES DONC, DISCIPLE !...

QUI COMMANDE, ICI ?...

BEN... VOUS !

ENFIN... JE CROIS !

BON ! ALORS C'EST QUI QUI DONNE LES ORDRES, ICI, À VOTRE AVIS ?...

EUH... ZUT ! ÇA, JE L'SAVAIS, ÇA !... AH BEN OUI !... C'EST VOUS !

TRÈS BIEN !... ALORS, JE VOUS DONNE L'ORDRE D'ALLER OUVRIR !... ET NE PRENEZ PLUS JAMAIS L'INITIATIVE D'Y ALLER DE VOTRE PROPRE CHEF !

JE NE COMPRENDS RIEN À RIEN À CE QUE VOUS ME VOULEZ !... MON PROPRE CHEF, C'EST VOUS... ALORS, SI JE PUIS ME PERMETTRE, JE VOUS...

ALLEZ OUVRIR !!!

BLAM

A 53 C

UNE MISSIVE POUR UN CERTAIN BASILE LANDOUYE !

C'EST MOI !

C'ÉTAIT QUOI ?...

UNE LETTRE POUR MOI DU PETIT COUSIN DU BEAU-FRÈRE DE LA BELLE-MÈRE DE LA TANTE DE MON ONCLE ! ALORS RICHTER !

RICHTER !?... C'EST UN BEAU NOM POUR UNE INVENTION, ÇA !... INVENTER QUELQUE CHOSE, CERTES... MAIS QUOI ?...

BROMELEBOMELEBOM

UN... UN TREMBLEMENT DE TERRE !...

EH BEN ! LA VOILÀ, L'IDÉE !...

... JE VAIS ÉTUDIER LES MOUVEMENTS DE NOTRE BONNE VIEILLE ÉCORCE TERRESTRE !...

...ET POUR CE FAIRE, JE VAIS COMMENCER PAR INVENTER L'ÉCHELLE DE VOTRE PETIT COUSIN, LÀ !...

DE MON PETIT COUSIN ?...

L'ÉCHELLE DE RICHTER, PARDI !

C'EST D'UNE LIMPIDITÉ QUI FRISE LA TRANSPARENCE !

BEN VOYONS !

JE NE VOUDRAIS PAS, UNE FOIS DE PLUS, PASSER POUR CELUI QUI POSE TOUT LE TEMPS DES QUESTIONS, MAIS, C'EST QUOI, CETTE ÉCHELLE DE RICHTER, LÀ ?...

J'AVOUE QUE CELA TITILLE SUBTILEMENT MA CURIOSITÉ DÉVORANTE !...

453 D

CE SERA UN INSTRUMENT DE MESURE D'INTENSITÉ D'UN TREMBLEMENT DE TERRE QUI FERA DATE DANS L'HISTOIRE DU SÉISME !...

L'ÉCHELLE DE RICHTER N'A DONC RIEN À VOIR AVEC L'ESCABEAU DE MATHURINE !

4

MAIS J'Y SONGE !?

SI J'AI BIEN TOUT COMPRIS, IL VOUS MANQUE UN ÉLÉMENT CAPITAL ?...

?

"...QUE DIS-JE ?... INDISPENSABLE !...

ET QUOI DONC, DISCIPLE ?... ???

QUEL SUSPENSE INSOUTENABLE !...

"...UNE NOUVELLE SECOUSSE SISMI...

TIENS, ÇA ME RAPPELLE "JÉRUSALEM LE RETOUR" "

BROMELEBOMELEBOM

"...QUAND LE CHEVALIER, RENTRANT DE CROISADE, ARRIVE CHEZ LUI ET QUE SA FEMME QUI L'ATTEND TRÈS FÂCHÉE LUI DIT :

COMME VOUS VOYEZ, TOUT Y EST MAINTENANT, ALORS ...

"C'EST CETTE ANNÉE-CI QUE TU RENTRES ?"

"... SORTONS VOIR TOUT ÇA !...

C'EST À CE MOMENT PRÉCIS DU FILM QUE JE ME SUIS ENDORMI ...

D'ACCORD !... MAIS VOTRE ÉCHELLE DE RICHTER ?...

POUR LE MOMENT, N'IMPORTE QUELLE ÉCHELLE FERA L'AFFAIRE !

453E

5.

CRRRRRRRRR

OUPS !

HOLÀ !

7

ELLE !... ELLE EST PAS MAL DU TOUT, CETTE ÉCHELLE DE RICHTER, FINALEMENT !...

ELLE N'EST PAS CASSÉE, AU MOINS ?...

VOYONS, À PRÉSENT, L'INTENSITÉ DE LA SECOUSSE !...

IL S'EN FALLUT DE PEU QU'IL NE CREVASSE !...

C'EST POUR ÇA QU'IL SE FIT SÛR !...

DIABLE !... C'EST UN SÉISME D'UNE MAGNITUDE DE 6,5 SUR L'ÉCHELLE DE RICH...

MAIS...

MAIS COMMENT POUVEZ-VOUS SAVOIR TOUT ÇA EN REGARDANT UNE ÉCHELLE ON NE PEUT PLUS BANALE !

SIMPLE ! IL SUFFIT DE COMPTER LES ÉCHELONS QUI SE TROUVENT EN DESSOUS DU NIVEAU DU SOL !

...

453 F

6.

C'EST ENFANTIN ! COMMENT N'Y AI-JE PAS PENSÉ TOUT SEUL !

LES GÉNIES, FAUT SE LES FARCIR, TOUT DE MÊME !...

C'EST UN SÉISME DE 7,8 SUR L'ÉCHELLE DES BANDAGES D'URGENCE !

HMMF !

ENCORE UNE SECOUSSE! VITE, DISCIPLE, AMENEZ-MOI L'ÉCHELLE DE RICHTER!

PEUX PAS!...

?

L'ÉCHELLE EST SOUS LES DÉCOMBRES DE LA MAISON!...

...ET MOI AUSSI, D'AILLEURS!

JE LE SAVAIS, QUE ÇA ALLAIT MAL FINIR!

QUELLE HORREUR!

DITES, VOUS POURRIEZ ÊTRE POLI AVEC UN BLESSÉ!

BON! CETTE RÉGION DEVIENT VRAIMENT TROP DANGEREUSE! PRENEZ VOS AFFAIRES, ON DÉMÉNAGE!... NOUS ALLONS PARTIR VIVRE LOIN D'ICI... J'AI TROUVÉ UN COIN TRANQUILLE... À CATANIA!

453 G

7.

ET C'EST OÙ, ÇA, CATANIA!...

EN SICILE!...

... AU PIED D'UNE MONTAGNE!...

ENCORE UNE IDÉE FUMANTE, ÇA!...

...L'ETNA!

454. A

8.

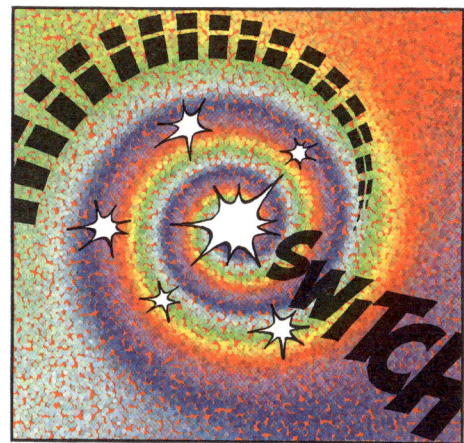

...ET CECI EN EST UN! PERSONNE NE BOUGE!

COFFRES

TAUX 8,5%

EH, VOUS, L'EMPLOYÉ MODÈLE, NE VOUS AVISEZ PAS DE DÉCLENCHER L'ALARME SINON...

AH!... ÇA Y EST, J'Y SUIS!... UN HOLD-UP, C'EST COMME UNE ATTAQUE DE BANQUE MAIS EN PLUS MODERNE!

BEN! D'OÙ QU'Y SORT, LE PÉPÈRE, POUR PAS SAVOIR ÇA?...

UN INSTANT, LE PÉPÈRE A QUELQUE CHOSE À VOUS MONTRER...

BLAM

MOI AUSSI, J'AI UN TROMBLON!

ÇA FAIT MAL HEIN?

NON MAIS!

G...

BREF...

NOUS AVONS PU, GRÂCE À VOUS, ARRÊTER UN DANGEREUX MALFAITEUR!... COMMENT VOUS REMERCIER?...

LES SPEC

CRAZI BOX

SALOON

VIN 3788

POLICE

EN FAISANT SAUTER LE P.V. QUE J'AI PRIS!... MA VOITURE ÉTAIT MAL GARÉE!...

BON, BEN, JE TERMINE LES BARBES À PAPA ET JE VOUS INVENTE LES SOLDES!...

PLUS TARD...

DITES-MOI, MATHURINE... ÇA VOUS DIRAIT DE POUVOIR ACHETER, DEUX FOIS PAR AN ET BIEN MOINS CHER, LES ROBES DONT VOUS RÊVEZ LE RESTANT DE L'ANNÉE?

MAIS CE SERAIT FA-BU-LEUX!!!

TIC TIC TIC

ACOUPHÈNE : N.M. SENSATION AUDITIVE (BOURDONNEMENT, SIFFLEMENT) QUI N'EST PAS PROVOQUÉE PAR UNE EXCITATION EXTÉRIEURE !...

BRAVO, DISCIPLE! TRÈS BIEN !

BOUGAINVILLÉE (N.F.) OU BOUGAINVILLIER (N.M.) : PLANTE GRIMPANTE ORNEMENTALE AUX BRACTÉES ROUGES ET VIOLETTES !...

CÉNOZOÏQUE (N.M.) : DU TERTIAIRE ET DU QUATERNAIRE !...

DUGONG (N.M.) : GROS MAMMIFÈRE MARIN !...

ET DULCICOLE OU DULÇAQUICOLE : QUI VIT DANS LES EAUX DOUCES !...

ÉRYTHROBLASTE (N.M.) : CELLULE MÈRE DES GLOBULES ROUGES ...

FERMION (N.M.) PARTICULE TELS L'ÉLECTRON, LE PROTON, ETC...

GONOCYTE (N.M.) CELLULE EMBRYONNAIRE DES ANIMAUX !

12.

GONZESSE (N.F.) : POPULAIREMENT : FEMME ...

14

JÉJUNUM (N.M.) PARTIE DE L'INTESTIN QUI SUIT LE DUODÉNUM!

KWASHIORKOR (N.M.): MALADIE TROPICALE MARQUÉE!

TÉLOUGOU OU TELUGU (N.M) LANGUE DRAVIDIENNE DE L'INDE DU SUD.

EUH!...

THANATOPRAXIE (N.F.): EMBAUMEMENT DES CADAVRES.

JOYEUX, EUSE: GAI EX: CHOSES JOYEUSES ...

RIKIKI (INV.): VOIR RIQUIQUI.

ÇA, C'EST PETIT!

URANOSCOPE (N.M.) POISSON MÉDITERRANÉEN APPELÉ AUSSI RASCASSE BLANCHE.

URTICULAIRE (N.F.) PLANTE CARNIVORE D'EAU DOUCE!

YLANG-YLANG OU ILANG-ILANG (N.M.): ARBRE D'ASIE TROPICALE. PLURIEL: DES YLANGS-YLANGS, DES ILANGS-ILANGS.

ZYZOMYS (N.M.): RATS D'AUSTRALIE À QUEUE BLANCHE.

ET ALORS, LES GARÇONS, ÇA AVANCE, VOTRE ENCYCLOPÉDIE?

BUERK!

DISCIPLE!

VOTRE VIE VA CHANGER!... (EN BIEN, JE VEUX DIRE!)

POURQUOI?... VOUS N'ALLEZ PLUS ENTRER VERS MIDI, DE GRAND MATIN... QUE DIS-JE... À L'AUBE... POUR ME RÉVEILLER EN HURLANT ET EN GESTICULANT DE L'UNE OU L'AUTRE FAÇON GROTESQUE!...

BLAM

ANCUN FENF DE L'HUMOUR, FE VÉNIE, NOM D'UN FIEN!...

UNE NOUVELLE VOURNÉE COMMENFE! YOUPI!

J'AI INVENTÉ L'ASSU-RANCE!

ET C'EST QUOI, ÇA, L'AS-SURANCE, À PART CELLE DE MES SENTIMENTS DISTINGUÉS!...

EH BIEN, MOYENNANT UNE PRIME (ÉLEVÉE) QUE VOUS ME PAYEREZ EN UNE FOIS, VOUS SEREZ COUVERT PAR UNE ASSURANCE, C'EST-À-DIRE QUE SI VOUS VOUS BLESSEZ, L'ASSURANCE PAYE TOUS LES FRAIS OCCASIONNÉS PAR VOTRE ACCIDENT PLUS UNE INDEMNITÉ (MINIME) POUR INCAPACITÉ DE TRAVAIL (S'IL Y EN A)...

456 A

14

JE VOUS DEVAIS HUIT ANS DE SALAIRE EN RETARD, LES VOILÀ!... JE VOUS LES PAIE EN UNE FOIS!

MAGNIFIQUE!

SIGNEZ LE CONTRAT LÀ, APRÈS LA MENTION "LU ET APPROUVÉ"...

ET C'EST QUOI, CE TEXTE EN PETITS CARACTÈRES, LÀ?...

RIEN!

À PRÉSENT, JE VOUS REPRENDS LES HUIT ANS DE SALAIRE DONT LE MONTANT COÏNCIDE HEUREUSE-MENT AVEC LE MONTANT DE LA PRIME UNIQUE ET VOUS SEREZ COUVERT POUR À PEU PRÈS TOUT PENDANT UNE SEMAINE (DE 5 JOURS)...

RAOUL, SOIS FRANC!... N'Y A-T-IL RIEN D'ÉCRIT SUR MON FRONT?...

PIGEON

C'EST PAS UN PEU CHER, ÇA, COMME PRIME, HUIT ANS DE SALAIRE POUR UNE SEMAINE ?...

(DE 5 JOURS) !... MAIS NON !...

... D'UNE PART, VOUS AVEZ UN SALAIRE MINABLE, ET D'AUTRE PART, VOUS ÊTES TELLEMENT MALADROIT QUE LES PRIMES NE PEUVENT FORCÉMENT QU'ÊTRE ÉLEVÉES !

ET JE SUIS VRAIMENT COUVERT POUR TOUT ?

BIEN SÛR, PRESQUE TOUT !

TENEZ, MÊME SI VOUS FAITES PIPI AU LIT, LES DÉGÂTS DES EAUX PEUVENT INTERVENIR SOUS CERTAINES CONDITIONS, C'EST VOUS DIRE !...

PIPI D'ACCORD, MAIS SI JAMAIS IL FAISAIT...

VOUS POUVEZ DONC DORMIR SUR VOS DEUX OREILLES !... SURTOUT LA DROITE !

HMPF ! HMPF !

HÉ, MAIS !?!...

BLINK

456 B

15

SI J'AI BIEN TOUT COMPRIS, C'EN EST DONC À JAMAIS TERMINÉ DE ME TROMBLONNER DÈS POTRON-MINET EN GUISE DE RÉVEIL À N'IMPORTE QUELLE HEURE PROPICE À LA SIESTE ?

BLAM

NON !... VOUS N'AVEZ DONC PAS LU LES TEXTES EN PETITS CARACTÈRES, VOUS, AVANT DE SIGNER VOTRE CONTRAT ?... TSSS ! TSSS !

QU'EST-FE QUE VE DIVAIS, DEVÀ, À PROPOS DES "BLAM" FUCFEFFIFS ?...

EH BIEN, IL EST ÉCRIT EN TOUT PETIT, AU § 3, ALINÉA B: ...

"Les coups et blessures occasionnés par l'employeur ne sont évidemment pas couverts"...

QUOI?

SNIF! SNIF! SNIF!

ÇA SENT L'ARNAQUE ICI!

MAIS, SI CETTE PRIME "CRÉSUSSIENNE" QUE VOUS M'AVEZ FAIT PAYER NE ME SERT À RIEN, QU'EST-CE QUE JE FAIS, MOI?...

C'EST SIMPLE!

...À PART PERDRE TOUS MES SOUS?...

CRÉSUSSIENNE?...

... POUR LA MODESTE SOMME DE VOS PROCHAINES 25 ANNÉES DE SALAIRE, VOUS ÊTES AUSSI COUVERT POUR LES ACCIDENTS SUR LES LIEUX DE TRAVAIL!...

CRESUS: Dernier roi de Lydie(561-546 Av. J.C.) Il devait sa légendaire richesse au trafic commercial et aux mines d'or de son royaume...

MAIS, JAMAIS JE NE POURRAI ME PERMETTRE DE NE PAS TOUCHER 25 ANS DE SALAIRE!...

A56 C

BLAMM

C'EST BIEN CE QUE JE PENSAIS!

FIGUREZ-VOUS QUE J'EN AI UN PEU MARRE DE TOUS FES BLÂMES FUCCEF-FIFS!

HAPPY BIRTHDAY TO YOU...

16

... ALORS, IL NE VOUS RESTE QUE LES CALAMITÉS NATURELLES, QUI POURRAIENT VOUS LÉSER PHYSI-QUEMENT, QUI PEUVENT VOUS RAPPORTER LE MONTANT DE LA PRIME UNIQUE VERSÉE!...

VOILÀ! VOILÀ! VOILÀ!

HÉBÉ!

ÇA VEUT À PEU PRÈS DIRE QUE SI JE VEUX REVOIR MES SOUS, IL FAUT QUE JE ME PROMÈNE SOUS UN ARBRE DÈS QU'IL Y AURA DE L'ORAGE...

NON...

VOUS OUBLIEZ QU'IL Y A LES PETITS CARACTÈRES !

ENCORE ?

BOUDIOU !

"...vous êtes couvert pour tout accident dû aux forces naturelles sauf l'orage..."

FINALEMENT, IL AURAIT MIEUX FAIT DE SE PROTÉGER...

UNE INONDATION, ALORS ?...

"ainsi que les inondations..." ET AUSSI...

"CONTRE LES PETITS CARACTÈRES !..."

"...les éruptions, qu'elles soient volcaniques ou cutanées, la sécheresse, les coulées de boue, les glissements de terrain, les coups de soleil, les incendies de forêt, les raz de marée, les tremblements de terre, les tempêtes, les chutes de météorites, celles du Niagara, l'intoxication alimentaire, le ciel qui tombe sur la tête, les coupures de doigt et de courant, ainsi, bien sûr, que..."

SNIF !

STOP !... DITES-MOI DIRECTEMENT CE POUR QUOI JE SUIS COUVERT !...

"...ON GAGNERA DU TEMPS !"

EUH... SI VOUS VOUS CASSEZ UN ONGLE, LE SPARADRAP VOUS EST REMBOURSÉ À CONCURRENCE DE 15 %...

ET IL N'Y A PAS MOYEN DE LE ROMPRE, CE CONTRAT FUMEUX ?...

SI !...

ÇA, ÇA M'ÉTONNERAIT !...

VOUS POUVEZ LE RACHETER, MAIS...

JE ME DOUTAIS BIEN QU'IL Y AURAIT UN "MAIS"... PAS VOUS ?...

17.

...IL VOUS FAUDRA ALORS PAYER UNE INDEMNITÉ D'UN MONTANT ÉGAL À CINQ ANS DE SALAIRE !...

TANT PIS, JE PRENDS ! RENDEZ-MOI MON ARGENT !

VOILÀ ! VOILÀ !

EUH !... JE N'AVAIS PAS PENSÉ À ÇA !...

ENVOYEZ L'OSEILLE !...

ET D'ABORD, JE M'EN FICHE !... JE VAIS, DE CE PAS, METTRE EN MUSIQUE UNE INVENTION QUI ME TITILLE LE CORTEX... L'ASSURANCE SOCIALE OBLIGATOIRE !...

ET, VOILÀ ! UNE NOUVELLE JOURNÉE S'ACHÈVE !...

BONNE NUIT, LES PETITS !

DISCIPLE, DEBOUT! J'AI DEUX...

20

ET C'EST QUOI, ALORS, LA BONNE NOUVELLE?

LÀ, ÇA COMMENCE À SENTIR MAUVAIS...

C'EST QUE VOUS VENEZ AVEC MOI!

GLP

JE NE VOIS LÀ QU'UNE MAUVAISE NOUVELLE ET UNE PIRE!

MAIS NON! POUR MOI, QUE VOUS M'ACCOMPAGNIEZ, C'EST UNE BONNE NOUVELLE!

NOUS ALLONS ÉTUDIER LE PHÉNOMÈNE DU CYCLONE!

MAIS... IL N'Y EN A PAS PAR CHEZ NOUS!...

...ET ICI, ÇA PUE FRANCHEMENT!

NON! C'EST POUR ÇA QUE J'AI FAIT PRÉPARER LES VALISES!

BONTÉ DIVINE... MAMAN, POURQUOI TON FILS UNIQUE ET PRÉFÉRÉ A-T-IL VOULU DEVENIR SCIENTIFIQUE?...

SCIENTIFIQUE, VOUS,?... VANTARD, OUI!... ALLONS, ASSEZ PERDU DE TEMPS, EN ROUTE!

4-57B

19.

BEN DITES DONC!... C'EST NOUVEAU, ÇA?...

OUAIS!... UNE DE MES QUATRE RÉALISATIONS DE CETTE NUIT, QUAND JE N'ARRIVAIS PAS À DORMIR!...

21

457c

BON SANG, MAIS C'EST BIEN SÛR !... LES SÈCHE-CHEVEUX !...

LES QUOI ?

...¡SOYEZ LA MADONE QU'ON PRIE À GENOUX !

DES SÈCHE-CHEVEUX ! UN TRAVAIL DE COMMANDE ! JE VOULAIS PROFITER DE CE VOYAGE POUR LES LIVRER !...

?

...VITE, DISCIPLE, SUIVEZ-MOI !

AU SECOURS QUELQU'UN!

AIDEZ-MOI À LES DÉBALLER, DISCIPLE !... ON VA RAPIDEMENT BRICOLER UN PETIT QUELQUE CHOSE !...

ON TOMBE ET CES DEUX ABRUTIS BRICOLENT !!! LÀ, JE CAUCHEMARDE !!!

AU SECOURS QUELQU'UN D'AUTRE !!!

VOILÀ ! IL NE RESTE PLUS QU'À LES FIXER SUR L'AILE ABÎMÉE !

457 F

IL NE RESTE PLUS QU'À, QU'IL DIT !...

IL NE RESTE SURTOUT PLUS QUE 2321 MÈTRES À VUE DE TRUFFE !!!

23

TRÈS BIEN ! J'AI RACCORDÉ LE TOUT À DES DYNAMOS FIXÉES SUR UN VÉLO !...

AH ?... ET POUR QUOI FAIRE, UN VÉLO, MAÎTRE ?

PLUS VITE, DISCIPLE, PLUS VITE !...

26

BOUHOUHOUHOU

CE CRI INHUMAIN ET DONC BESTIAL NE PEUT PROVENIR QUE DE LA CHAMBRE DE MON DISCIPLE!

ALORS, DISCIPLE, QUE SE PASSE-T...

FLOUCH

?

PLITCH

SLURP... MAIS...

459a

26

...CETTE EAU EST SALÉE!?

NORMAÂAAL, CE SONT MES LÂAAAAARMES! BOUHOUHOUHOUHOU!

MAIS POURQUOI DONC PLEU-REZ-VOUS AINSI?

POUR FAIRE NAGER SON MONDE, TIENS!

28

JE VIENS DE ME RENDRE COMPTE QUE JE SUIS **SEU-HEU-HEUL DANS LA VI-HI-HIE!**

"... PAS DE COMPAGNE POUR ME PRÉPARER DE BONS PETITS PLATS!... PAS DE PETITS DISCIPLES SAUTANT SUR MES GENOU-HOU-HOUX!..."

BEN... ON L'A ÉCHAPPÉ BELLE!... LA NATURE FAIT BIEN LES CHOSES, TOUT DE MÊME!

MAIS JE VAIS VOUS EN TROUVER UNE, DE COMPAGNE, MOI!... VOUS VENEZ DE ME DONNER UNE BONNE IDÉE!

J'AURAIS PRÉFÉRÉ VOUS LA VENDRE!

GÉNIAL! ON VA LE RÉSOUDRE, VOTRE PROBLÈME!... ET EN PLUS, ON VA MÊME GAGNER DE L'ARGENT!

SNIF!

ET C'EST QUOI, VOTRE IDÉE GÉNIALE QUE DÉJÀ JE NE ME SENS PAS BIEN ET QUE JE VAIS SÛREMENT EN FAIRE LES FRAIS!...

SNORT

J'INVENTE DE CE PAS L'AGENCE MATRIMONIALE!

LA QUOI?

PWÂP

L'AGENCE MATRIMONIALE: ON PASSE DES ANNONCES DANS LES JOURNAUX EN Y DÉCRIVANT LE PROFIL DES CÉLIBATAIRES QUI, COMME VOUS, CHERCHENT L'ÂME SŒUR!...

"... ON CONSTITUE ALORS DES DOSSIERS ET ON ORGANISE DES RENDEZ-VOUS... ET, PETIT VEINARD QUE VOUS ÊTES, VOUS SEREZ MON PREMIER CLIENT! JE VOUS FERAI 5%, PASSEZ DANS MON BUREAU...

L'ENNUI, C'EST QU'ON N'A PAS DE BUREAU!

NE M'ENNUYEZ PAS AVEC DE TELLES FUTILITÉS QUAND JE CRÉE!... AMÉNAGEZ-EN UN!...

"... DANS CETTE PIÈCE, PAR EXEMPLE... VOUS DORMIREZ DANS LA REMISE, VOILÀ TOUT!

J'AI TROUVÉ UN CHOUETTE NOM POUR NOTRE AGENCE: "COEUR ACCORD" QU'EN PENSEZ-VOUS?...

HMM?

?

BOF!

MAGNIFIQUE-JE-VOULAIS-DIRE!...-VOUS-ÊTES-VRAIMENT-LE-GÉNIE-DES-GÉNIES-LE-PLUS-GÉNIALEMENT-GÉNIAL-DE-TOUS-LES-TEMPS-DE-TOUS-LES-CONFINS-DE-TOUTES-LES-GALAXIES-ET-ALENTOUR!...

VILE FLATTERIE

VIL FLATTÉ

ALORS, VOUS AVEZ FINI VOTRE DESCRIPTIF, DISCIPLE?

J'ACHÈVE, LÀ!...

MOI, J'AI RÉDIGÉ VOTRE ANNONCE, ÉCOUTEZ ÇA!...

VOUS ÊTES UNE FEMME ENTRE 20 ET 40 ANS, VOUS ÊTES LIBRE ET VOUS VOULEZ FONDER UN FOYER?... NOUS AVONS L'HOMME QU'IL VOUS FAUT POUR TROUVER ENFIN UNE VIE INTENSE, OURLÉE D'UN RARE BONHEUR. CONTACTEZ L'AGENCE COEUR ACCORD AU N° DE TÉL: 01.

459 C

C'EST BEAU COMME UNE TARTINE DE MIEL INTERPRÉTÉE AU VIOLON!

C'EST COMME SI J'ALLAIS PLEURER!

HUM!... DONNEZ-MOI VOTRE FICHE, JE COURS LA PORTER AVEC MON ANNONCE À L'HEBDOMADAIRE GRATUIT QUE JE VIENS D'INVENTER LÀ, TOUT DE GO!

28

PLUS TARD...

ÇA A DONNÉ UN CERTAIN RÉSULTAT!

MESDEMOISELLES, JE VAIS VOUS DEMANDER DE BIEN VOULOIR REMPLIR UNE FICHE DESCRIPTIVE AFIN D'ACCORDER PARFAITEMENT VOS DESIDERATA AVEC CEUX DE NOTR... EUH... DE NOS CANDIDATS!...

POUR LES FRAIS DE DOSSIER, C'EST 50.000 LIRES!

459 D

BON !... ON VA ESSAYER AUTRE CHOSE ! JE VAIS VOUS PRÉSENTER À TOUTES LES CANDIDATES EN MÊME TEMPS...

MESDEMOISELLES, VOUS ÊTES TOUTES À CE POINT PARFAITES QUE J'AI DÉCIDÉ DE VOUS PRÉSENTER LE MEILLEUR DE TOUS NOS CANDIDATS !...

DISCIPLE, POUVEZ-VOUS VENIR UN INSTANT, S'IL VOUS PLAÎT ?...

ME VOICI, MAÎTRE !

?!?!?!

ESCROCS !

JE ME DEMANDE SI VOUS N'AVEZ PAS EXAGÉRÉ UN TANTINET LORS DE LA RÉDACTION DE VOTRE FICHE DESCRIPTIVE !

459 E

EN RÉALITÉ, VOUS ÊTES INVENDABLE ! JE VAIS DONC CHANGER RADICALEMENT MA FAÇON DE PROCÉ-DER !...

FOUILLE FOUILLE

30

BLAMM

EN ROUTE VERS DE NOUVELLES INVENTIONS !

TAS DE N'IMPORTE QUOI À DONNER

ENCORE UN QUI EST GRILLÉ DANS LE MÉTIER

SNIF !

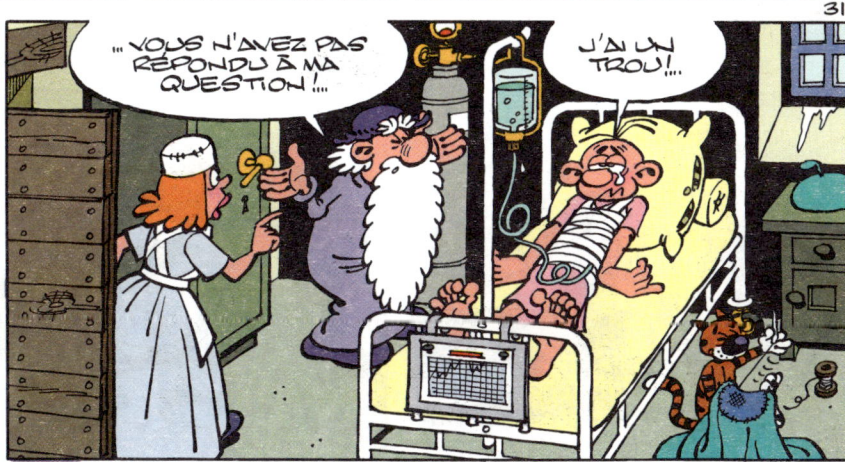

CERTES, MAIS IL Y A ENCORE UNE AUTRE CHOSE À FAIRE...

ET QUOI DONC, JE VOUS PRIE?

"... QUAND TOUTES CES AUTOMOBILES SERONT DES MILLIARDS, OÙ ROULERONT-ELLES?..."

"JE VOUS LE DEMANDE!

BONNE QUESTION N'EST-IL PAS?

JE COURS INVENTER L'AUTOROUTE!

ZOU

SIX MINUTES DOUZE PLUS TARD...

VOILÀ! LES PLANS SONT FAITS!...

UN HABILE RÉSEAU DE ROUTES À TROIS BANDES PERMETTRA AUX CONDUCTEURS D'ALLER OÙ ILS VOUDRONT DANS TOUTE L'EUROPE...

CERTES, MAIS...

VOUS COMMENCEZ À M'ÉNERVER AVEC VOS "CERTES, MAIS!" QU'EST-CE QU'IL Y A ENCORE?...

BEN...

TOUS CES GENS QUI ROULERONT... À UN MOMENT, ILS VOUDRONT S'ARRÊTER!...

OUI ET ALORS?...

A.61.B

OÙ VONT-ILS SE GARER?...

...JE VOUS LE DEMANDE!

JE COURS INVENTER LES PARKINGS!

ZOU

33

35

461 c

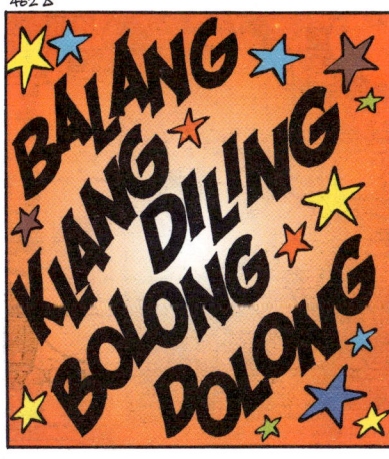

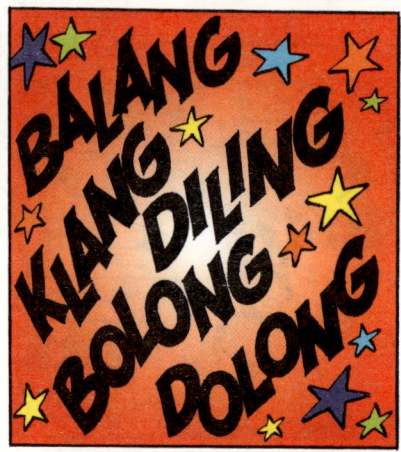

41

43

C'EST QUOI CE GAG ???!

C'EST PAS AU POINT! NORMALEMENT VOUS NE DEVRIEZ PAS PARLER!

EH BEN, C'EST PAS DE CHANCE POUR VOUS, JE PENSE, JE PARLE ET...

...JE PINCE !!!

...DONC JE SUIS!

CLAC CLAC

ARRÊTEZ! CE N'EST PAS UNE ATTITUDE SCIENTIFIQUE !!!

BLOF

EUH !... Z'AURIEZ PAS UNE BANANE ?...

OU DEUX ?...

'TIT CREUX, MOI !...

MAGNIFIQUE!

C'EST PAS LE MOT QUE J'AURAIS CHOISI!

A63D

43

ALORS, MAÎTRE, QUAND RENTRE-T-ON POUR PRÉPARER L'ANTIDOTE ?...

PAS TOUT DE SUITE! J'AIMERAIS D'ABORD VOUS VOIR ÉVOLUER DANS VOTRE MILIEU NATUREL!

VENEZ PAR LÀ, IL Y A DE LA JUNGLE...

J'AI L'IMPRESSION QUE NON!

À PROPOS, PUIS-JE VOUS APPELER BONGO ?...

J'AI FAIM!

EUH... ÇA MANGE QUOI, UN ORNITHORYNQUE, AU JUSTE?!...

ON DIRAIT DONALD DUCK!...

JUSTEMENT! VOUS FERIEZ BIEN DE NOUS RAMENER À LA MAISON POUR PRÉPARER CET ANTIDOTE QUI...

BLOE

AH! ÇA, C'EST PLUS FACILE! DU MAÏS, J'EN AI JUSTEMENT!...

... JE VENAIS D'INVENTER LE POP-CORN AVANT NOTRE DÉPART!

PETIT! PETIT!

ALORS, ON RENTRE?

... POUR ENFIN PRÉPARER CET ANTIDOTE QUI...

CE DISCIPLE, IL NE ROUCOULE DEVANT RIEN!

BLOE

JE VOUS HAIS, VOUS ET VOS INVENTIONS STUPIDES!

A63E

45

AH, ENFIN DE RETOUR?!... ALORS, CETTE EXPÉRIENCE SUR LES MANIPULATIONS GÉNÉTIQUES, ÇA A MARCH... MAIS OÙ EST BASILE?!?

TRANSFORMÉ EN PUCE MAIS...

... RAOUL LUI A OFFERT UN LIFT POUR LE RETOUR!

ARRÊTE, RAOUL, ÇA CHATOUILLE!

GRATE GRATE GRATE

C'EST QUOI, CE TRUC, MAÎTRE ?

UN SIÈGE DE MON INVENTION !

... ESSAYEZ-LE, VOUS VERREZ COMME C'EST CONFORTABLE !

EH OUI ! C'EST CHOUETTE !

IL N'Y A PLUS QU'À LUI TROUVER UN NOM ET JE POURRAI LE FAIRE BREVETER ...

LAISSEZ-MOI Y RÉFLÉCHIR ...

HIHI ! C'EST RIGOLO !

POUF

POUF POUF POUF POUF

POUF POUF POUF POUF

POUF POUF POUF

46

POUF POUF POUF POUF POUF POUF POUF POUF POUF POUF POUF POUF POUF POUF

ALORS, VOUS AVEZ TROUVÉ COMMENT L'APPELER ? ...

EUH... PAS LA MOINDRE IDÉE !

POUF POUF